「不惜身命」特別版 ビジュアル海外巡錫シリーズ

大川隆法

シンガポール・マレーシア

巡錫の軌跡

SINGAPORE & MALAYSIA

〔監修〕大川隆法
宗教法人 幸福の科学 編

大川隆法

シンガポール・マレーシア
巡錫の軌跡

Master Ryuho Okawa
World Missionary Tour
in Singapore and Malaysia

PROLOGUE

「神仏の心」を信じることで、世界を一つに

幸福の科学グループ創始者 兼 総裁

大川隆法

世界は今、二つの大きな問題を抱えています。
一つは、「神を信じない唯物論勢力」対「神を信じる国々」の
力比べの問題です。
もう一つは、「神を信じている者同士においても、
神の名が違うことによって対立し、和解することができず、
千年、二千年の歴史を重ねている。
そうした人たちの戦いに終止符を打つ」という問題です。
「神やあの世の世界を信じるかどうか」ということは、
「信じる」「信じない」のどちらかの選択になるだろうと
思いますが、それを選ぶに際しては、
一度、原点に帰り、
「結局、どのように考えることが、
人間としてのあるべき姿なのか」ということを
考えなければなりません。
やはり、この世を超えた世界における神仏の心を
信じることによって、一つになることが大事です。

（2012年7月25日 御生誕祭大講演会法話「希望の復活」より）

シンガポール
SINGAPORE

マレーシア
MALAYSIA

INTRODUCTION

本書は、大川隆法総裁が全世界を駆けめぐり、全身全霊で説法を続ける不惜身命の姿を記録した海外巡錫写真集シリーズである。

2011年、大川隆法総裁は、2～3月にインド・ネパールへ、5月にはフィリピン・香港へ巡錫した。そして9月、シンガポールとマレーシアを、さらに11月にはスリランカを訪れ、大観衆の前で法を説いた。今巻は、そのうちシンガポールとマレーシアにおける講演会の様子を収めている。

著しい発展を遂げる東南アジアの「経済大国」と「イスラム教国」で発されたマスターのメッセージを、現地の人々はどのように受け止めたのか。世界を一つにする新たな“世界宗教”が広まりつつある時代性を、本書に数多く掲載されている声と写真から読み取っていただければ幸いである。

大川隆法 シンガポール・マレーシア巡錫の軌跡
FROM JAPAN TO SINGAPORE & MALAYSIA

MISSION 1
9/15 シンガポール講演会

MISSION 2
9/18 マレーシア講演会

CONTENTS

Japan

Philippines
Vietnam
Thailand
マレーシア
Malaysia
Brunei
クアラルンプール
Kuala Lumpur
シンガポール
Singapore
Indonesia
Indonesia

Singapore
part 1

急成長を遂
精神的主柱

げた経済大国に
を

apore

真の国家繁栄に向け

シンガポールは、さまざまな宗教のバランスを保ち、世俗主義国家の体裁をとっている。街には、仏教、イスラム教、キリスト教、道教、ヒンズー教の建物が見られるが、それらは国民個人の信教の自由を保証したもので、シンガポール政府自体はいずれの宗教に対しても「関与せず」の立場をとっている。国教を定めずに経済的発展にのみ専念してきたのは、小国であるこの国が列強のなかで生き残るには、経済的発展によって、他国に対する防衛力を早急に築く必要があったことが理由のひとつだ。その結果、シンガポールは独立からわずか数十年で先進国入りを果たしたが、精神的な主柱を持たない国家は過度のストレス社会となり、大きな問題となっている。この国が国家としてもう一段の飛躍を遂げるために必要なものとは──。大川隆法総裁は、世界教師（ワールド・ティーチャー）として、真の「幸福と繁栄」を伝えるためにシンガポールの地に降り立つのであった。

シンガポールの独立と発展

1963年のマレーシア連邦成立時は同国の一州だったが、マレーシアでイスラム教・マレー人優遇政策が際立つと、マレー系と中国系の住民間で衝突が発生。中華系住民の多いシンガポールが追放される形で独立した。東京都23区ほどの小さな国土と約518万の人口の同国は、1959年から約30年間首相を務めた初代首相・李光耀（リークワンユー）の無関税等の政策で海外資本家の呼び込みに成功。年平均10%という驚異的な経済成長を実現し、東南アジアを代表する経済都市へと発展した。また、国民の私生活にまで入り込んだ規制や罰金制度によって国民意識を形成しているところもこの国の特徴だ。

マスター・オオカワの講演会の知らせが市中を飛び交う

「シンガポールでマスター・オオカワの講演会の開催が決定した――」。
この朗報を受け、シンガポールが沸いた。
ラジオ、新聞が講演会を取り上げ、
道路には大川隆法講演会の広告を載せたラッピングバスが走った。

幸福の科学の現地の職員等が、シンガポールのラジオ「Radio 938」に出演した際の様子（左）。パーソナリティからは、「ハッピー・サイエンスはどのような教えなのか」、「マスター・オオカワとはどんな人か」など、次々と質問が投げかけられた。

Experience True Happiness And Prosperity
First Lecture in Singapore!
Welcome Master Ryuho Okawa
The World Spiritual Leader
It's an opportunity of a life time, don't miss it
"HAPPINESS AND PROSPERITY"
15 Sept 2011 (Thu)
7.15pm - 9.30pm
Orchard Hotel
Grand Ballroom
442 Orchard Road
English
To RSVP, please provide Name(s), Mobile/Tel No. & Email Add. (if any) via:
SMS: 9680 3197
Email: singapore@happy-science.org
LIMITED SEATS! BOOK NOW!
This event is sponsored by Happy Science Singapore (A non-profit organisation).
190 Middle Road, Fortune Centre #16-05, Singapore 188979
For Enquiries: 8515 6267 / 8515 6268 / 8515 6265
Guinness World Records: "The Most Published Author in 2010 Worldwide"
Author of Over 700 Books
Happy Science
12 million members in over 80 countries
www.happy-science.org

THE STRAITS
Art fair to close after 10 years
Another MRT train vandalised in depot
Campaigns in different
CONFIDENCE FOR THE FUTURE
We Support
Tan Jee Say

最大紙「ストレーツ・タイムズ」紙に全面広告掲載

8月18日付の広告（右）を見た読者から
講演会参加申し込みが相次ぎ、
その数は400人以上に上った。

大川総裁の大講演会を
記念して作られたポロシャツ。
運営スタッフは、
このポロシャツを着て
心を一つにした。

初めての説法を

待ちに待った講演会当日。
会場のオーチャード・ホテルは聴衆でごった返し、
開場が30分早まった──。

開場前から、大川隆法総裁の講演を
待ち望む人々で長蛇の列ができた。

講演会当日に、チケットを求める人々。
列は途切れることなく、次から次へと
人が押し寄せた。

前に高まる期待

会場を訪れた人たちは、興味津々といった様子で、大川総裁の経典を手に取り、購入していく姿が目立った。

講演前には、田畑直之氏による、音と光で演出された美しい奉納曲が披露された。

そして、世界教師（ワールド・ティーチャー）、大川隆法総裁の登壇――

待望のマスター登場を迎え
満場の聴衆によるスタンデ

ついにシンガポールの聴衆の前に
現れた大川隆法総裁。
会場を埋め尽くした聴衆たちは、
その姿を見るや否や、
一斉に立ち上がり、
割れんばかりの拍手で
大川総裁を迎えた。

たのは、
ィング・オベーション

Singapore
part 2 ◆英語説法

Happiness and Prosperity

幸福と繁栄

この日、シンガポールの人々のために大川隆法総裁が英語で説いた教えは「幸福と繁栄」。その説法に和訳を付して、抄録(しょうろく)版でご紹介しよう。

Happiness and Prosperity
法話「幸福と繁栄」

September 15, 2011 at Orchard Hotel, Singapore
2011年9月15日オーチャード・ホテルにて

If you want to continue your prosperity as a country, you need some kind of divinity in you

I came here two days ago, and my impression of this city was that it is very beautiful and future-oriented.

My next impression was that you already attained prosperity.

But now, I dare say: If you want to continue your prosperity as a country, you need some kind of divinity in you.

We human beings are apt to think only about earthly profit. So, of course, the struggle regarding profits is likely to happen. It cannot be settled by human beings.

You can make great people by dint of education, a spiritual education

So, don't depend on one philosophy or one leader.

It is the new age. You can make great people by dint of education, a spiritual education.

If you have a sacred desire, you can be a great person, a great leader of this country. At that time, these leaders and the people who want to become such kind of leaders will realize happiness.

This happiness is the happiness in this world and happiness in the other world, throughout these two worlds; it is that kind of happiness.

Prosperity includes the happiness of other people. If there are a lot of people who are seeking the happiness of other people, and if you can have such kind of greater mind, you can be happier and your prosperity shall be more stable than it is now.

Spiritual happiness and economic prosperity are compatible with the teachings of Happy Science

You need some spiritual concept or spiritual thought which leads you to a greater direction, and which is compatible with the economic growth of this country.

Spiritual happiness and economic prosperity are compatible with the teachings of Happy Science; they are compatible through the teachings of Happy Science.

We taught a lot about such kind of teachings.

So, I ask you. Be happier and happier. I hope there will be more prosperity in Singapore.

〈和訳〉

国としての繁栄を続けたいならば、自らの中に、何か聖なるものを持て――

私は二日前、ここに来ましたが、「この都市は、非常に美しく、未来志向型である」という印象を受けました。

次に受けた印象は、「みなさんはすでに繁栄を成就している」ということです。

しかし、私は今、あえて申し上げます。もし、みなさんが、国としての繁栄を続けたいのならば、自らのなかに、何か「聖なるもの」が必要です。

われわれ人間は、ともすれば、この世的な利益だけを考えがちです。そのため、当然ながら、利益をめぐる紛争が常に起こりがちです。これは、人間では解決できないことなのです。

偉大な人物は、魂の教育によってつくることができる

どうか、一つの思想や一人の指導者に頼らないでください。

今は、新しい時代です。そのような偉大な人物は、教育の力によってつくることができます。教育とは、「魂の教育」のことです。

「聖なる願い」を持つならば、みなさんは、偉大な人物、この国の偉大な指導者になることができるでしょう。

そのときに、こうした偉大な指導者たちと、「そのような指導者になりたい」と願う国民たちが、幸福を実現していくのです。

そして、この幸福とは、「この世でも、あの世でも幸福である」というものです。つまり、この世とあの世を貫く幸福なのです。

また、繁栄とは、「他の人々の幸福を含むもの」です。「他の人々を幸福にしよう」とする人が数多くいれば、そして、みなさんがそのような偉大な心を持つことがで

きれば、みなさんは、より幸福になり、今よりもっと安定的に繁栄していくはずです。

霊的な幸福と経済的な繁栄は、幸福の科学の教えにおいて矛盾しない

みなさんには、霊的な考え方や思想が必要です。みなさんを素晴らしい方向へと導くと同時に、この国の経済成長と両立することが可能な、霊的な考え方や思想が必要なのです。

霊的な幸福と経済的な繁栄は、幸福の科学の教えにおいて矛盾していません。当会の教えによって、これらの両立は可能なのです。私たちは、そのような教えを数多く説いています。

みなさんにお願いします。どうか、もっともっと幸福になってください。シンガポールのさらなる繁栄を願っています。

Q&A
質疑応答

説法のあと、Q＆Aセッションが設けられた。４つの質疑応答のうち２つを抜粋で紹介する。

Q. You talked about how this country needs more faith and spiritual guidance. What could weak people like me do for this country?

A. This is a new country, so the future depends on younger people, of course. I've heard that you, Singaporeans, are very diligent and very durable people. Being diligent and durable is good for success and is a very good resource of success.

And another one is desire, sacred desire. Please combine your sacred desire with your final goal. Your final goal must lead to other people becoming happier and happier. And please lead the people of this country to more prosperity. This desire will make you stronger and stronger.

You are not so weak. You are strong! You are the first person to ask me a question. You are a brave man.

Q. 先生は、「この国にはもっと信仰心と霊的指導が必要だ」とおっしゃいました。私のような弱い人々はこの国のために何ができるのでしょうか？

A. この国は新しい国です。ですから、当然、未来は若い人々にかかっています。聞いたところによると、あなたがたシンガポール人は、とても勤勉で忍耐強いそうですね。勤勉さと忍耐強さは、成功するための良い資源です。

もう一つ、必要なのは、「願い」です。聖なる願いです。どうか、あなたの聖なる願いと、あなたの最終目標を一致させてください。それは、他の人々をより幸福にするものでなくてはなりません。そして、この国の人々を、さらなる繁栄へと導いてください。この「願い」が、あなたをさらに強くしていくのです。

あなたはそんなに弱くはありません。あなたは強い人です。私に最初に質問したのですから。あなたは勇敢な人です。

Q. It seems more and more children have some form of disability such as autism. I personally feel that it is due to stress. Please give us advice on this.

A. Please change your mind to a quite different direction. In this overly-competitive society, you can choose the Middle Way.

What I mean is that while it's good for you to work harder and harder, in other times or at other chances, you must choose a quite contrary action. For example, practice meditation or think about intentionally living more slowly.

Life is long. Don't be too hasty to live. If you are one year behind, live a little longer —— one year.

Also please have forgiveness to younger people and children. Don't demand only achievement from them.

Human beings grow very slowly.

Q. シンガポールでは、自閉症などの障害を持つ子供が増えています。原因はストレスだと思いますが、いかがでしょうか？

A. 心をまったく違う方向に変えてください。この過当競争の社会のなかで、中道(ちゅうどう)を選ぶことはできます。

つまり、一生懸命に働くことはよいことですが、それ以外の時間や機会においては、まったく逆の行動を選ぶのです。例えば、瞑想をしたり、あえてゆっくり生きることを考えたりしてみてください。

人生は、長いものです。生き急がないでください。一年遅れたら、ほんの一年長く生きればよいのです。

また、若者や子供たちに対しては、許しの心を持ってください。達成することだけを求めないでください。

人間は、ゆっくり成長するものです。

If you have a sacred desire,
you can be a great person,
a great leader of this country.

「聖なる願い」を持つならば、
みなさんは、偉大な人物、
この国の偉大な指導者に
なることができるでしょう。

Spiritual happiness and economic prosperity are compatible with the teachings of Happy Science.

霊的な幸福と経済的な繁栄は、幸福の科学の教えにおいて矛盾していません。

Singapore
Topics

マスターの教えをもっと知りたい！

講演会終了後、説法に立ち会った人々は
「もっとマスターの教えを知りたい。もっと幸福の科学の本が読みたい!」と、
興奮冷めやらぬ様子だった。彼らの感動の声の一部を紹介する。

幸運をありがとう!

大川先生が語られた、「信仰からすべては始まる」ということがとても印象的でした。「シンガポールに幸福を運んでくださって、ありがとう」と先生に伝えたいです。(30代・男性)

9年この日を待っていた

私は9年間、ずっと先生に会えるのを待ちわびていました。日本でさえ会うことが難しい大川先生に、こうしてお会いし、そのお話を直にお聴きできるとは、私は幸せものです。もう言葉がありません。(40代・男性・信者)

先生のお話をもっと聴きたい!

タン・リーピンさん(40代)

もともと妻が幸福の科学の信者で、今日はその妻に誘われて来ました。大川先生のお話を聴き、もっと深く学びたいと思い、講演後入会しました。世界を繋ぐ教えを、たくさんの本を読んで学んでいきます。

世界中の人が幸せになりますように

ジャヤ・クマールさん(30代)

日本の宗教に興味があり、新聞広告を見て、講演会に来ました。大川先生の今日のお話が他の国に広がれば、みんながハッピーになると思います。

情熱と力がみなぎった!

とても情熱的な説法でした。大川隆法総裁とその本に出会ってからずっと、私の人生は、情熱と力でみなぎっています。（30代・男性・信者）

信じます!

私は、人々が「正しき心の探究」によって幸福になれると信じています。だから、ハッピー・サイエンスで学ばなければなりません！（40代・女性・信者）

宗教の枠を超えて、人々は大きな感動に包まれた。

愛のプレゼント

他の人々に愛を与えることが、私たちができる最高のギフトである、という考え方に、心から共感します。（30代・女性）

最高の一日だった!

幸せでした。マスターの教えを実践したら、繁栄の人生を歩むことができると思います。マスターありがとうございました。（10代・女性）

信仰体験
Faith Experience

30年間探し求めた、真の仏陀との邂逅

チャン・ハイ・スーンさん
（60代・2011年入会）

30年間、仏教を深く学び、「この30年間は、主に出会うための準備期間だった」と語るチャンさん。大川総裁の巡錫後の心境の変化を語ってくれた。

私は、幸福の科学に出合うまでの30年間、仏教を中心に、さまざまな宗教を勉強してきました。

しかし私が読んだ仏教経典には、当時の時代背景を考えると納得できない記述が多く書かれており、信じきれない思いが残っていたのです。

そんなときに、幸福の科学の経典『釈迦の本心』に出合いました。そこには驚いたことに、仏教の根本精神について触れられており、私は、「これこそ仏陀本人にしか書けない真実の教えだ！」と思い、信仰に目覚めたのです。

そして今回、シンガポールへの御巡錫の機会を賜りました。仏陀のお心に直接触れることができ、幸福の科学に入って本当によかったと思いました。

これからも、国や宗派を超えてユートピアの輪を広めるべく精進します。

講演会当日は、法友たちと「We love El Cantare」のポロシャツを着て運営ボランティアをした。

日本では入手できないJAICO版『釈迦の本心』。

Welcome Master!

大川隆法総裁、シンガポール支部へ

講演会前日の９月14日、大川隆法総裁がシンガポール支部を訪問。花束と共に迎えられ、現地の信者たちとの交流を深めた。

大川総裁が姿を表すと、現地信者から「Welcome Master! Singapore Loves You!（ようこそ、マスター！ シンガポールはあなたを愛しています！）」という掛け声と共に、大きな拍手が起こった。

信者から花束が贈られると、大川総裁はその場で信者と歓談した。

Singapore
Topics

シンガポール支部でのセミナーの様子。

HAPPY SCIENCE IN SINGAPORE

2009年、シンガポールに初めて幸福の科学の支部が開設された。当初は、外部会場を中心にセミナーを開催。経典『永遠の法』をテキストに、さまざまな宗教が混在するシンガポールに、あの世の霊的な真実を広めた。そのなかで、セミナー参加者は回を増すごとに増え、熱心な信者が次々に誕生していったのである。

現在シンガポール支部はさらなる発展を遂げ、2012年にはより中心部に移転。毎日、御法話拝聴会や、新入会者向けのセミナーなどを開催している。

現在のシンガポール支部があるロビンソン通り。近くには金融街の高層ビルが立ち並ぶ。

シンガポール最大規模の書店で開催された リュウホウ・オオカワ・フェアを視察

シンガポールで一番のショッピングスポット・オーチャードロードにある紀伊國屋書店で開催された「リュウホウ・オオカワ・フェア」。大川隆法総裁自身が同書店に訪問し、フェアの様子を視察した。

自身の著作コーナーの前に立つ大川隆法総裁。コーナーには講演会の広告も設置された。

Malaysia part 3 初のイスラ

ム教国への巡錫

イスラム先進国マレーシア

マレーシアの国教でもあるイスラム教は、7世紀、預言者ムハンマドが神の啓示を受けて開いたとされる宗教だ。しかし、2020年までに先進国入りを目指すマレーシアにとって、イスラム教はいくつかの問題を孕んでいる。「細かな生活規範まで神の教えとして定められている」「人権抑圧的な側面が強い」など現代に適さない面が多い点。また、教えにおいて寛容さを謳っているものの、「ムスリム(イスラム教徒)が他宗に改宗すると死刑や国外追放となる場合もある」等の極端な不寛容さも大きな問題の一つだ。さらにイスラム教とキリスト教は1000年以上にわたって理解しあえず、対立を繰り返してきた歴史がある。
こうした、古くなった宗教の教えの刷新と、本来唯一の神から流れ出た宗教同士の戦いを平和裡に終わらせるために、幸福の科学・大川隆法総裁は続々と新たな神の啓示を「霊言」として世界に発信し続けている。そして今回、大川総裁は、イスラム圏に直接新たな啓示を告げ知らせるために、このマレーシアの地を訪れたのだった。

こ求められる新たな宗教

イスラム化するマレーシア

15世紀、海のシルクロードの中継地点として栄えたマラッカ王国をルーツとする。長らくポルトガルやイギリスに占領されるも、第二次世界大戦後の1957年に独立を果たした。現在、2020年までに先進国入りを目指して、ハイテク産業の振興や、行政都市プトラジャヤ、ハイテク工業都市サイバージャヤ等を続々と建設している。また、戦後の日本の発展を模範とする政策と併せ、国の近代化と経済成長の国家戦略として、社会の「イスラム化」を推進。これによって世界のイスラム市場での存在感を高めたのだ。今や、国際イスラム金融におけるハブ(ネットワークの中心部)と化すほどまでの成長を見せている。

(↓)マレーシアの多種多様な文化を思わせる街並みや建築物。左端の写真は、マレーシアの発展を象徴するクアラルンプールの超高層ビル「ペトロナス・ツインタワー」。

講演会への期待が広
首都クアラルンプール

大川隆法総裁のマレーシア巡錫が決まると、地元マスコミ各紙は講演会開催の第一報を期待感に満ちた記事で報じ、街中を告知看板が飾った。

各所に講演会告知のビルボードや巨大電子掲示板が立ち並ぶ。

KLモノレールの高架下の柱にも大川総裁の書籍のラッピングが。

がる

現地メディアが伝える マスター・オオカワ巡錫への期待

◀【「星洲日報」から】世界の霊的リーダーであり、ベストセラー作家でもあるマスター・リュウホウ・オオカワが、ここマレーシアを訪れ、2011年9月18日、KLCCのプレナリーホールにて法話を行う。あなたに、真実の幸福を見つけさせるために——。マスター・リュウホウ・オオカワによる演題は、「The Age of Mercy」。彼は、「マレーシア人は、きっと理解し、真の幸福を手にするだろう」という願いとともに、ハッピー・サイエンスに関する教えを、すべてのマレーシア人と共有することになる。

▼【「東方日報」から】あなたが真実の幸せ、平和と繁栄を経験したいならば、世界の霊的リーダーでありベストセラーの著者であるマスター・リュウホウ・オオカワの2011年9月18日講演会を聴きもらさないことだ。

助你尋找幸福真諦
心靈大師大川隆法18日開講

福科学义工领袖叶芳丽（右）与今博士呼吁大家踊跃出席世界级心灵讲座。

吉隆坡8日讯）世界级心灵大师兼畅销作家大川隆于本月18日亲临吉隆坡国际会展中心（KLCC）Plenary协助你寻找幸福的真谛。

川隆法乃“幸福科学”的创始人；幸福科学是新时代的学，旨在协助人民寻找幸福与快乐，让心灵获得提升，不同宗教与种族间的和谐关系。该中心成立25年以来，国家，拥有逾1千200万会员，并在世界各地积极落实推幸福的心灵成长活动及公益活动。

师首次莅马将以“慈爱的时代”为主题，让大马人民了的真谛。他将为大家提供一套获得幸福快乐的法则，并找出的方式及实际例子，让他们落实于日常的两性与亲、工作、人际关系中。

出版700本书籍，拍摄5部电影的大川隆法，曾到过世界包括英国、澳洲、台湾、巴西、印度、菲律宾、香港及地办演讲会，每场皆座无虚席，东京讲座更吸引了5万席，并成功改变了许多人的人生。

座将以英语为媒介语，华语同步口译，入场免费，只限，请尽早报名，以免向隅。（MT）

话：012-308 2998/016-361 6805

页：www.happy-science.my

▲30万部発行の
最大手華語紙
「星洲日報」
2011.9.9
SinChew Daily

Metro Watch

TRUE HAPPINESS
Master Ryuho Okawa, founder o Happy Science will be having a talk entitled "The Age of Mercy" to spread his way to true happiness with the power of compassion. It will be held on Sept 18 at the Plenary Hall of Kuala Lumpur Convention Centre from 2pm to 5pm. The talk will be in English but with Mandarin translation. Admission is free but with prior reservation. It is for non-Muslims only. For enquiries or to register, call 012-239 9272 / 016-323 6839 / 016-235 1750 / 012-280 0680 / 019-415 5493 or visit www.happy-

▲30万部を発行する
地元最大の英字新聞
「The Star」
2011.9.11

東方日報

日本大师大川隆法
918与您分享慈爱

（吉隆坡9日讯）您想要体验真正的快乐、和平与幸福吗？千万别错过9月18日（星期日），由世界级心灵大师兼畅销作家大川隆法（Master Ryuho Okawa）主讲的《慈爱的时代》讲座会。

这是大川隆法首次在大马公开演讲，讲座会入场免费，但必须趁早预订。

讲座会于当天下午2时至5时在吉隆坡会展中心的Plenary Hall举行，媒介语为英语，同步备有华语口译。预计吸引3000人出席，一起了解幸福快乐的秘诀。

大川隆法于25年前创立幸福科学（Happy Science），以科学方式极力研究如何为人们带来真正的快乐。他出版700本相关书籍，并在世界各地举行超过1500

今井二朗（左）及幸福科学大马义工领袖叶芳丽，欢迎公众踊跃出席大川隆法的讲座会。

「当然，一个人必须要有智慧，才能在社会与他人和谐共处。」

◀10万部発行の
華語紙
「東方日報」
2011.9.10
The Oriental Daily

大川隆法総裁登

講演会場となっ

壇前——

会場は静けさに包まれ、聴衆は固唾を呑んでその時を待った——

アラルンプール・コンベンションセンター。約3000人の聴衆が会場を埋め尽くした。

大川総裁登場と共に鳴り響く 3000人の聴衆の拍手――

シンガポール同様、大川総裁を迎えたのは会場を埋め尽くす聴衆のスタンディング・オベーション。

FRANCE

そして最高潮の熱気のなか、イスラム圏での説法第一声が発される

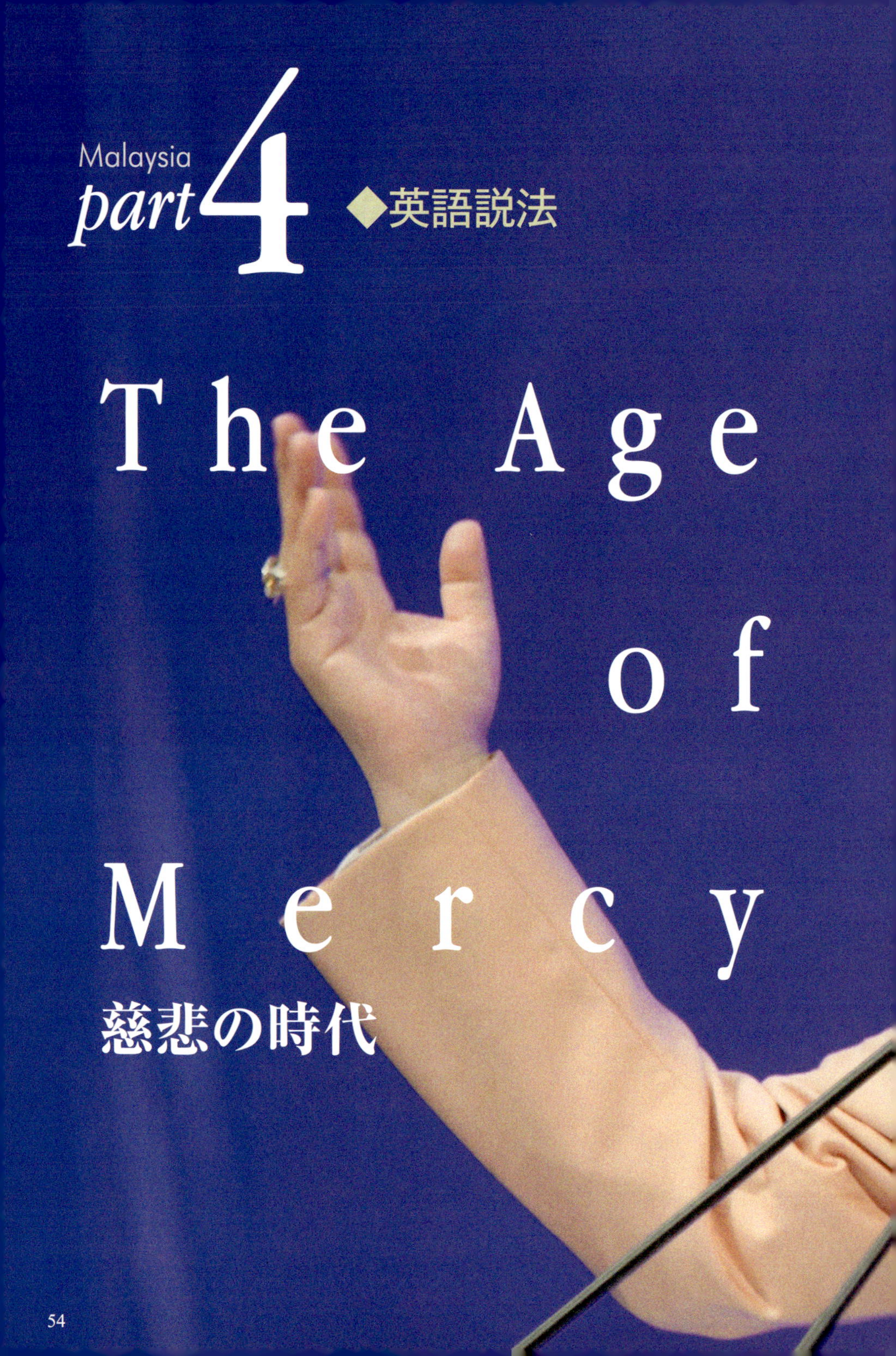

Malaysia

part 4 ◆英語説法

The Age of Mercy

慈悲の時代

英語説法（抄録）

The Age of Mercy
法話「慈悲の時代」

September 18, 2011 at Kuala Lumpur Convention Centre
2011年9月18日クアラルンプール・コンベンションセンターにて

A condition for Malaysia to become an advanced country

Recently I've heard that this country is aiming at becoming one of the advanced countries of the world by 2020. From the appearance of the city, this seems almost possible in the meaning of civilization.

マレーシアの人々への
大川隆法総裁の説法は
「慈悲の時代」。ここに、
抄録版の原文と共に和
訳を付して紹介する。

Nevertheless, I've heard that you are very spiritual people, so I was impressed by that.

But here in Malaysia, there is one condition that you must solve by 2020. It is about religion.

God's love is proved by revelations from Heaven

One of the main problems nowadays is the misunderstanding between the Western society—the Christian society of course—and the Islamic society.

But I dare say that all the religions come from one origin.

It is already said in the Qur'an by Muhammad; he said the Only God sent Abraham, Noah, Moses, and Jesus

Christ. He said that they are the messengers of God and that the last prophet is Muhammad.

But I dare say that is not all. The Only God also sent Socrates in Greece, Confucius in China, Gautama Siddhartha in India, and other prophets and messengers from the heavenly world. The same things have been happening for several hundred or several thousand of years. This is the proof of God's love.

The God who appears in the Qur'an is El Cantare

The One Supreme Being was called El and sometimes Elohim. In the Qur'an, the Only God sometimes says "I" and sometimes says "We". "I" means El, "We" means Elohim. Elohim means El Cantare; that is the truth.

I dare say: The time has come.

You need a new religion which combines all the religions and all the differences, and overcome all the discriminations of the world.

We are living in the Age of Mercy

I love Islamic people, I love Buddhist people, I love Christian people. I love the people who believe in me, and I also love the people who do not believe in me.

This is the mercy which nourished human beings from the beginning.

We are the same. We are one. Asia is one. The world is one. We are living in the age of mercy.

Mercy means that God stands by you every day, in whatever case. Come what may, God is with you.

Please believe in me. This is my message in Malaysia.

〈和訳〉

マレーシアが先進国になるための条件

最近、聞いたところによると、「この国は、2020年までに世界の先進国の仲間入りすることを目指している」とのことでした。この都市の外観を見るかぎり、「文明化」という意味では、それはほぼ可能だと思います。

それでいて、みなさんは、「非常に霊的な人々である」と聞いて、私は感銘を受けたのです。

しかし、マレーシアが2020年までに解決しなければいけない条件が一つあります。それは宗教に関することです。

神の愛は天上界からの啓示によって証明される

現代における最大の問題の一つは、西洋社会、つまりキリスト教社会と、イスラム教社会との間の誤解にあります。しかし、私はあえて申し上げます。すべての宗教は、一つの「根源なるもの」から始まっているのです。

それは、ムハンマドも、『コーラン』で述べています。彼は、「唯一神が、アブラハムやノア、モーセ、イエス・キリストを地上に送ったのであり、彼らは神の使者であった。そして、最後の預言者がムハンマドである」と言っています。

ただ、あえて申し上げますが、これがすべてではありません。唯一神は、ギリシャにソクラテスを送り込み、中国には孔子を、インドにはゴータマ・シッダールタを、そして、その他の預言者や使者を、天上界から送り込んだのです。同じことが、数百年、数千年にわたって起きています。これが神の愛の証明です。神の愛は、天上界からの啓示によって証明されるのです。

『コーラン』に出てくる神はエル・カンターレ

唯一なる至高の存在は、「エル」とも「エローヒム」とも呼ばれていました。『コーラン』では、唯一神が、ときおり、「私」と言ったり、「私たち」と言ったりしています。「私」とは、エルのことであり、「私たち」とはエロームのことです。エローヒムとは、エル・カンターレです。これが真実なのです。

あえて申し上げます。その時が来たのです。

みなさんには、すべての宗教や違いを統合し、世界のあらゆる差別を乗り越える「新しい宗教」が必要です。

私たちは「慈悲の時代」を生きている

私は、イスラム教徒を愛しています。仏教徒も愛しています。キリスト教徒も愛しています。私は、私を信じる人々を愛しています。また、私を信じない人々をも愛しています。

これが、人類をその起源から育んできた慈悲なのです。

私たちは一体です。アジアは一つ、世界は一つです。私たちは「慈悲の時代」を生きているのです。

慈悲とは、すなわち、「神は、日々、あなたの傍(かたわ)らに立っている。どんなときも、たとえ何があろうとも、神は共にある」ということです。

どうか、私を信じてください。これが私のマレーシアでのメッセージです。

You need a new religion which combines all the religions and all the differences, and overcome all the discriminations of the world.

みなさんには、
すべての宗教や違いを統合し、
世界のあらゆる差別を乗り越える
「新しい宗教」が必要です。

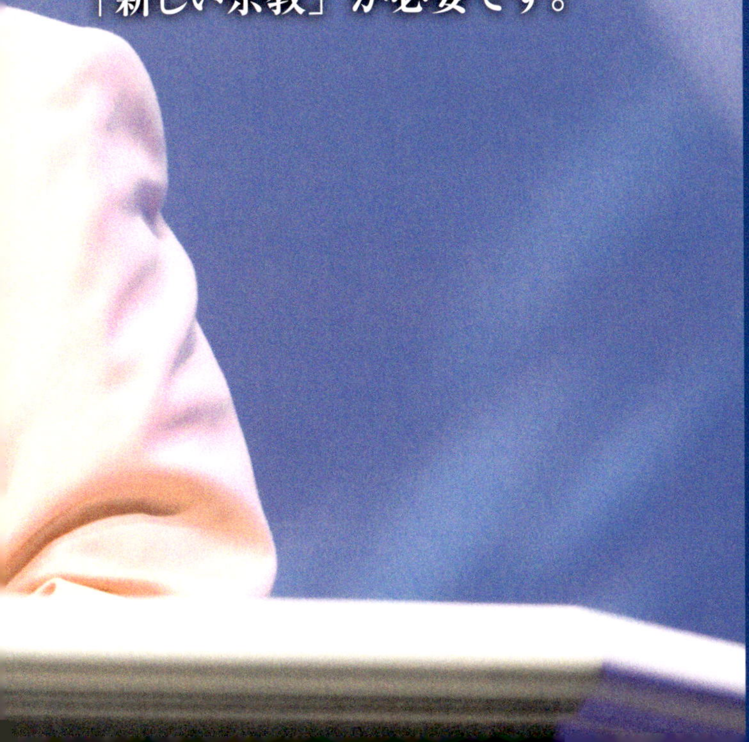

We are one.
Asia is one.
The world is one.

私たちは一体です。

アジアは一つ、

世界は一つです。

Malaysia
Topics

マスターの教えこそ現代の啓示だ！

講演後、会場は大川総裁の書籍を買い求める人々や布施を行う人々で溢れかえり、「マスターは宗教の枠を超える!」「今必要なことを語ってくれた」等の声が絶えず、一般参加者の半数が新たにメンバーとなった。その会場の声を紹介する。

中東から大川総裁の講演会に参加したムスリム

今回の講演会は
改宗すると死刑になることさえ
あるイスラム教を国教とするマレーシアで
行ったため、「非イスラム教徒」を対象に開催した。
マレーシアでは「マレー人」イコール「生まれながらのムスリム」で、彼らが改宗することは禁止されている。しかし今回、イスラム教の中心地・中東諸国からムスリムが十数名参加。マレーシア人以外のムスリムについては法律適用外であるため、彼らが改宗しても法律上は問題ない。ただ、中東では「信仰」という価値観こそ身近だが、前述のようなイスラム教特有の信仰にまつわる厳しい法律が存在し、イスラム教以外の宗教を受け入れることは極めて困難だ。危険を冒してまで、マスターの教えを求めて中東からムスリムが来た事実。それは、幸福の科学の教えが着実にイスラム世界にも届いていることを物語っているのだ。イランから来た青年に聞いた講演会の感想を掲載する。

マスターは、すべての根源!

霊的感覚に溢れていただけではなく、話を聴いていた一人ひとりへの愛に満ちていた御法話でした。圧倒的なエネルギーを前に、私は息をすることも忘れて聴き入ってしまいました。御法話のなかで、マスターは、イスラムの抱えるすべての問題の根源を指摘されました。残念なことに、人々の支配や分断に、宗教が使われていることもあります。しかしそれは、マスターと出会うことによって、解決していくことでしょう。なぜなら、人々は元来一つであり、その根源は、マスターだからです。（20代・男性）

国際的視点がいい

国際的で、世界宗教的な視点が好きです。（50代・男性）

HS（ハッピー・サイエンス）は宗教を統合できる

異なる宗教の統合は、とても難しいことですが、しかし真の挑戦です。私は、ハッピー・サイエンスがその使命を果たせると信じています！（50代・男性・信者）

世界を救うメッセージ

大川隆法総裁の説かれた真実の言葉に、興奮と幸福で涙がこぼれました。これは今、世界を救うため、すべての人類に必要なメッセージです。（50代・女性）

一生に一度の法話

一生に一度の御法話でした。マレーシアのような、多くの宗教と多くの人種を抱える国で、物事を一つに統合する偉大な方法が明かされたと思います。（30代・男性・信者）

現代にこそ必要

デニス・コウさん
（20代）

マスターの愛の教えは素晴らしい。人々の繋がりの薄い現代だからこそ、民族や肌の色の違いに関係なく、世界中の人を繋げるこの教えが重要だと思います。

宗教は人間を繋ぐもの

神は全ての人を愛しており、宗教は人々をバラバラにするものではなく、一つにするものです。その通りです。本当に素晴らしいと思いました。（50代・女性）

主の波動を感じた！

すごい！　マスターが御言葉を発されたとき、ホール全体が偉大な波動で満たされていく感じがしました。ハッピー・サイエンスのメンバーとして、今日の御法話がすべての人の心を目覚めさせ、人生の困難が乗り越えられていくものと信じます。（20代・女性・信者）

マスターは答えをくれた

私は、このセミナーを路上の広告で知りました。私はマスターが、クリスチャンにも答えをくれたと思います。まだすべての教えを知りませんが、もっと学べることを楽しみにしています。（20代・女性）

必要なメッセージ！

とても厳しく、しかし必要なメッセージです。私はこのような偉大な方に出会い、また、お話も聞けてとても幸運です。（40代・男性）

初めての講演会で入会を決意

ヤー・マラックさん（20代）

道に立っていた広告を目にしてこの講演会に参加しました。とても感動的で、印象深いお話でした。南スーダン出身で、代々クリスチャンでしたが、マスターの霊的スピーチは、どの宗教も解決できない問題への、普遍的な回答を授けて下さったように感じています。今日初めてマスターと巡り会えたので、これからもっとその教えを学んでいきたいと思っていますし、それが楽しみです。

地元孤児院へのチャリティーを開催

大川隆法総裁の講演終了後、同会場でチャリティーを開催。大川総裁の経典『教育の法』の収益の一部で、幸福の科学出版から地元の孤児院へ義援金や文房具の寄贈が行われた。

Malaysia
Topics

HAPPY SCIENCE IN MALAYSIA

９月４日に新たにクアラルンプール郊外に誕生したマレーシア支部精舎(しょうじゃ)。

2011年9月4日。講演会直前に、マレーシア信者にとって念願の支部精舎が落慶した。マレーシアで幸福の科学の活動が立ち上がったのは2000年のこと。大川隆法総裁の経典を学ぶ十数名の信者たちの学習会が出発点だった。メンバーは、会員宅やホテル、仏教寺院などでセミナーをしていたが、宗教活動に制約がある環境での伝道は厳しいものだった。

しかし、熱心なメンバーたちは、国際局が主催する研修に毎年欠かさず参加して、教えを学び続けた。そして、2007年には120名ほどで支部が本格的にスタート。幸福の科学の教えの実践で人生が好転したというメンバーたちの姿に感化されて、続々と入会する人が増え続けている。

落慶式には数多くのメンバーが集まり、支部精舎の落慶を喜び合った。

マスターが、マレーシア

翌日に講演会を控えた９月17日、
大川隆法総裁はマレーシア支部精舎を訪問。
集まっていた信者一同を激励した。

大川総裁の支部視察を振り返り、現地の信者は「本当はマスターに笑顔を見せなければいけなかったのに、どうしても（涙を）止められなくて……」と語った。

支部精舎（しょうじゃ）を訪問!

マレーシアでも連続ベストセラーを記録!!
大川隆法総裁の著作シリーズ

大川総裁の著作はマレーシアでも人気が高く、ベストセラーに連続ランクイン。クアラルンプールの６カ所の書店でブックフェアが開催され、特に『不動心』『常勝思考』が人気を集めた。

支部を視察後、大川総裁はブックフェアが開催されている地元大手書店を訪問。その時の記念写真（左下）が書店入り口のディスプレイを飾った。

信仰体験
Faith Experience

50年の葛藤を越えて
親子が一つになった日

アンジェリン・チンさん
（50代・2010年入会）

幼いころから母から受け続けた理不尽な仕打ち――。
ハッピー・サイエンスが説く霊的人生観を知ることで、母への怒りや恨みを乗り越え、見事和解を果たしたというアンジェリンさんのエピソードを紹介する。

私に辛く当たる母

私は、中華系のマレーシア人家庭の末娘として生まれました。3人の兄は事業家の父の跡継ぎとして大事に育てられましたが、私だけは母から辛く当たられる毎日。

母は、父の目を盗んではギャンブルにお金をつぎ込み、私に家事を押しつけます。夜、父が疲れて帰ってくると、家事はさも自分がやったかのように振る舞うのです。幼心に、母への怒り、嫌悪感と反発心が芽生えました。私が高校に進学する頃になると、「女に勉強はいらない。家で洗濯でもしてなさい」と、母はますます厳しくなりました。

家から離れたかった私は、高校を卒業後すぐに独立。働きながら勉強を続け、やがて念願の職種への就職も叶いました。しかし、そんな矢先、父から一本の電話が……。

「母さんが脳卒中で倒れた。仕事を辞めて、母さんを看なさい」

未来への希望が崩れ去ったように感じた私の心は、不条理さと恨みで胸がはちきれんばかりでした。

転機になったセミナー

それから数十年。母の世話を続けながら働いていた私に、転機が訪れました。友人に誘われ、ハッピー・サイエンスの映画「永遠の法」上映会に参加したのです。あの世を描いた壮大な物語に圧倒されるとともに、「この世的な事柄に執われると天上界には入れない」というメッセージが印象深く、私はその場でハッピー・サイエンスに入会し、さっそくセミナーにも参加しました。

「天国・地獄を分けるのは、人に愛を与えたか奪ったかの違い。『愛を与える』と言うと難しく聞こえるかもしれませんが『相手を理解すること』から始めればいいのです」

支部長の言葉にハッとした私は、辛く当たった母の気持ちに立って、改めて考えてみることにしました。

そのとき、長年忘れていた「母は小さい頃に親戚の家に預けられ、いじめられていた」という話を思い出したのです。親の愛情や家庭の温かさを知らずに育った母の境遇が、わがことのように身にしみると、恨み心がすーっと消えていきました。

(母も私も、過去は不幸だったけど、これからは変えられる。二人一緒に幸福になりたい！)

私は急いで母の家へ向かい、一番伝えたかった言葉を告げました。

「私はマスター・オオカワを信じています。この真理で、たくさんの人を幸せにしたい。もちろん、お母さんも。愛しています。ありがとう」

母はボロボロと涙をこぼし、私と手を握り合いました。私も涙を抑えられませんでした。50年かかって、初めて親子が一つになれたのです。

そして2011年9月、マスターがこの国を訪れました。「神はどんな人をも愛している」というマスターの言葉に、私は涙をこらえることができませんでした。

マスターと出会って手にした幸福。この幸福を多くの人に伝えたい——。今、私の与える愛は次の段階に上がろうとしていると感じています。

EPILOGUE

幸福の科学の教えは今、世界に必要とされている

幸福の科学グループ創始者 兼 総裁
大川隆法

私は、海外へ伝道に行き始めてから、
「この教えには本当に普遍性がある。
これは、世界に通じる教えなのだ」
ということを確信しつつあります。
思想・信条が違い、宗教が違い、民族が違うのに、
私の教えが通じるのです。
相手がカトリックでも、プロテスタントでも、
イスラム教徒でも、仏教徒でも、みな通じるのです。
その事実を、
2011年の「アジア・ミッション」(アジアの各地への伝道)で
痛感しました。
世界は、今、動きつつあります。
私たちが考えている以上に、
幸福の科学の教えが必要とされていることを感じるのです。
そして、今後は、
アメリカやヨーロッパなどの先進国においても、
この教えが必要になってくるでしょう。

(2011年10月9日 法話「繁栄思考」より)

Happy Science Worldwide
世界に広がる幸福の科学

いま、「大川隆法総裁の心の教えを学び、
人生に希望を持った」という人が、
国籍、人種、宗教を超えて広がっています。
あなたも Happy Scienceに集いませんか。

● **TOKYO** (東京)
❖ 6F 1-6-7 Togoshi, Shinagawa, Tokyo, 142-0041, Japan
TEL.03-6384-5770 **FAX.**03-6384-5776
MAIL.tokyo@happy-science.org

● **NEW YORK** (ニューヨーク)
❖ 79 Franklin Street, New York, New York 10013, U.S.A.
TEL.1-212-343-7972 **FAX.**1-212-343-7973
MAIL.ny@happy-science.org

● **NEW JERSEY** (ニュージャージー)
❖ 725 River Road, Ste 200, Edgewater, NJ 07025, U.S.A.
TEL.1-201-313-0127 **FAX.**1-201-313-0120
MAIL.nj@happy-science.org

● **FLORIDA** (フロリダ)
❖ 12208 N 56th St., Temple Terrace, Florida 33617, U.S.A.
TEL.1-813-914-7771 **FAX.**1-813-914-7710
MAIL.florida@happy-science.org

● **ATLANTA** (アトランタ)
❖ 1893 Piedmont Road, Atlanta, Georgia 30324, U.S.A.
TEL.1-404-963-6781 **MAIL.atlanta@happy-science.org**

● **LOS ANGELES** (ロサンゼルス)
❖ 1590 E. Del Mar Blvd, Pasadena, CA 91106, U.S.A.
TEL.1-626-395-7775 **FAX.**1-626-395-7776
MAIL.la@happy-science.org

● **SAN FRANCISCO** (サンフランシスコ)
❖ 525 Clinton St., Redwood City, CA 94062, U.S.A.
TEL/FAX.1-650-363-2777 **MAIL.sf@happy-science.org**

● **TORONTO** (トロント)
❖ 323 College St.Toronto ON M5T 1S2 Canada
TEL.1-416-901-3747 **MAIL.toronto@happy-science.org**

● **VANCOUVER** (バンクーバー)
❖ #212-2609 East 49th Avenue,Vancouver, BC,V5S 1J9 Canada
TEL.1-604-437-7735 **FAX.**1-604-437-7764
MAIL.vancouver@happy-science.org

● **HAWAII** (ハワイ)
❖ 1221 Kapiolani Blvd, Suite 920, Honolulu, Hawaii 96814, U.S.A.
TEL.1-808-591-9772 **FAX.**1-808-591-9776
MAIL.hi@happy-science.org

● **KAUAI** (カウアイ)
❖ 4504 Kukui St., Dragon Building Suite 21 KAPAA, HI 96746,U.S.A.
TEL.1-808-822-7007 **FAX.**1-808-822-6007
MAIL.kauai-hi@happy-science.org

● **MEXICO** (メキシコ)
❖ Av. Insurgentes Sur #1443, Col. Insurgentes Mixcoac, Mexico 03920, D.F.
MAIL.mexico@happy-science.org

● **SAO PAULO** (サンパウロ〈ブラジル正心館〉)
❖ R. Domingos de Morais 1154, Vila Moriana, Sao Paulo, SP-CEP 04009-002, Brazil
TEL.55-11-5088-3800 **FAX.**55-11-5088-3806
MAIL.sp@happy-science.org

● **LONDON** (ロンドン)
❖ 3 Margaret Street, London W1W 8RE, United Kingdom
TEL.44-20-7323-9255 **FAX.**44-20-7323-9344
MAIL.eu@happy-science.org

● **GERMANY** (ドイツ)
❖ Akazienstr. 27, 10823 Berlin, Germany
TEL.49-30-7895-7477 **FAX.**49-30-7895-7478
MAIL.germany@happy-science.org

● **AUSTRIA** (オーストリア)
❖ Zentagasse 40-42/1/1b, 1050 Wien, Austria/EU
TEL/FAX.43-1-9455604
MAIL.austria-vienna@happy-science.org

● **FINLAND** (フィンランド)
MAIL.finland@happy-science.org

● **FRANCE** (フランス)
❖ 56, rue Fondary 75015 Paris, France
TEL.33-9-50-40-11-10 **FAX.**33-9-55-40-11-10
MAIL.france@happy-science.org

● **UGANDA** (ウガンダ)
❖ Plot 877 Rubaga Road, Kampala, P.O.Box 34130, Kampala, Uganda
TEL.256-78-4728601
MAIL.uganda@happy-science.org

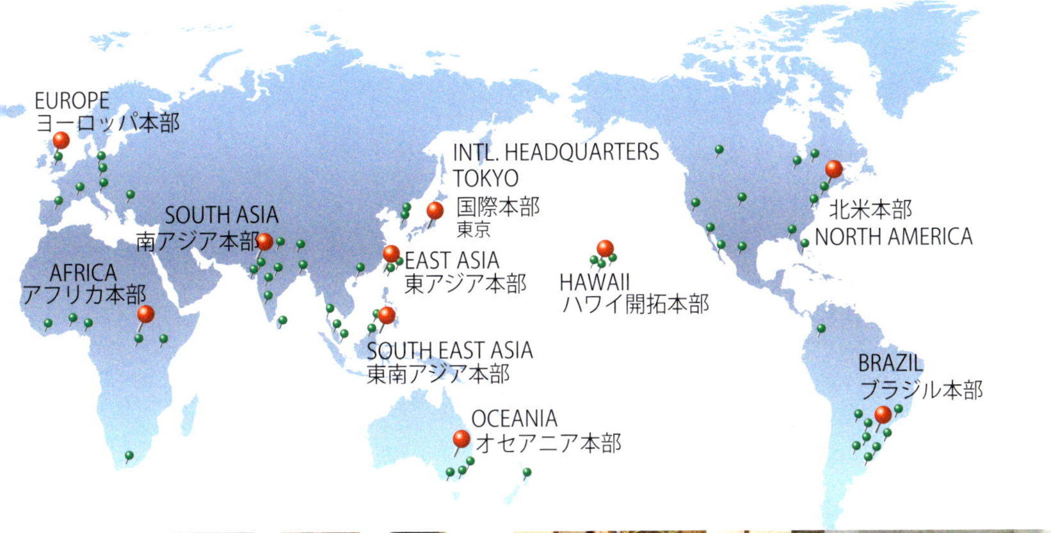

● **NIGERIA** (ナイジェリア)
❖ 70c Allen Avenue Suite 03, Nikky Africana Plaza, Ikeja, Lagos State, Nigeria
TEL.234-819-161-5551 **MAIL.nigeria@happy-science.org**

● **SOUTH AFRICA** (南アフリカ)
❖ 55 Cowey Road, Durban, 4001 S. Africa
TEL.27-31-207-1217 **FAX.**27-31-207-6765
MAIL.southafrica@happy-science.org

● **GHANA** (ガーナ)
❖ 28 Samora Machel Street, Asylum Down, Accra, Ghana
TEL.233-30703-1610 **MAIL.ghana@happy-science.org**

● **SEOUL** (ソウル)
❖ 162-17 Sadang3-dong,Dongjak-gu, Seoul, Korea
TEL.82-2-3478-8777 **FAX.**82-2-3478-9777
MAIL.korea@happy-science.org

● **TAIPEI** (台北)
❖ No.89, Lane 155, Dunhua N. Rd., Songshan District, Taipei City 105, Taiwan
TEL.886-2-2719-9377 **FAX.**886-2-2719-5570
MAIL.taiwan@happy-science.org

● **HONG KONG** (香港)
❖ Unit A, 3/F-A Redana Centre, 25 Yiu Wa Street, Causeway Bay, Hong Kong
TEL.85-2-2891-1963 **MAIL.hongkong@happy-science.org**

● **SINGAPORE** (シンガポール)
❖ 110 Robinson Road, #10-00, 068901, Singapore
TEL.65-6837-0777/6837-0771 **FAX.**65-6837-0772
MAIL.singapore@happy-science.org

● **MALAYSIA** (マレーシア)
❖ No22A, Block 2, Jalil Link, Jalan Jalil Jaya 2, Bukit Jalil, 57000 Kuala Lumpur, Malaysia
TEL.60-3-8998-7877 **MAIL.malaysia@happy-science.org**

● **THAILAND** (タイ)
❖ Between Soi 26-28, 710/4 Sukhumvit Rd., Klongton, Klongtoey, Bangkok 10110, Thailand
TEL.66-2-258-5750 **FAX.**66-2-258-5749
MAIL.bangkok@happy-science.org

● **MANILA** (マニラ)
❖ 2F LGL Bldg, Kadalagaham Corner Rizal Ave, Taytay, Rizal, Philippines
TEL.63-2-286-4179 **MAIL.philippines@happy-science.org**

● **DELHI** (デリー)
❖ Shop no-314-319 Aggarwal Square Plaza, Plot no.8, Pochet-7, Sector-12, Near Metro Station, Dwarka, New Delhi-7S, India
MAIL.newdelhi@happy-science.org

● **NEPAL** (ネパール)
❖ Kathmandu Metropolitan City, Ward No-9, Battisputali, Gaushala, Surya Bikram Gynwali Marga, House No.1941, Kathmandu, Nepal
TEL.977-01-4495338 **MAIL.nepal@happy-science.org**

● **SRI LANKA** (スリランカ)
❖ No.149,"Freight House", Union Place, Colombo 2
TEL.94-112-300464 **FAX.**94-112-300463, Sri Lanka
MAIL.srilanka@happy-science.org

● **SYDNEY** (シドニー〈オーストラリア正心館〉)
❖ 516 Pacific Highway, Lane Cover North, NSW 2066, Australia
TEL.61-2-9411-2877 **FAX.**61-2-9411-2822
MAIL.sydney@happy-science.org

● **MELBOURNE** (メルボルン)
❖ 11 Nicholson Street, Bentleigh, 3204 VIC, Australia
TEL.61-3-9557-8477 **FAX.**61-3-9557-8334
MAIL.melbourne@happy-science.org

● **BONDI(SYDNEY EAST)** (ボンダイ)
❖ Suite 3, 354 Oxford Street, Bondi Junction, NSW 2022, Australia
TEL.61-2-9387-7763 **FAX.**61-2-9387-4778
MAIL.bondi@happy-science.org

● **NEW ZEALAND** (ニュージーランド)
❖ 409A Manukau Road Epsom 1023 Auckland, New Zealand
TEL.64-9-630-5677
MAIL.newzealand@happy-science.org

幸福の科学グループの
災害復興支援、チャリティ活動について

幸福の科学グループでは、
魂を救済する宗教活動が最大の社会貢献であり、
公益活動だと考えています。
世界の人々の幸福を願い、
災害地域の復興支援や途上国の支援など、
物心両面からサポートする活動を
続けております。

〈最近の災害復興支援例〉

- 2011年3月、東日本大震災の被災地への人的支援、必要生活物資および義援金による支援、教団施設の臨時開放等。
- 2011年2月のニュージーランド地震及び2012年8月のイラン地震被災地に対する復興支援。
- 2012年タイ洪水被害を受けたアユタヤの小・中学校の図書館復旧支援。

〈最近のチャリティ活動例〉

- ウガンダ北部で、エイズ遺児を対象に奨学金の支給チャリティ。
- マザー・テレサの施設への毛布寄贈や、孤児院などでの食料品や医療品の提供。
- ネパールの学業優秀で貧しい子供たちへの奨学金支給と校舎建設支援。

もっと詳しく知りたい方へ

幸福の科学公式サイト
happy-science.jp

TOPページの「社会貢献」のアイコンをクリックすると、さまざまな社会貢献活動が表示されます。

社会貢献

「不惜身命」特別版・ビジュアル海外巡錫シリーズ
大川隆法 シンガポール・マレーシア 巡錫の軌跡

2012年11月23日 初版第1刷

監 修 大 川 隆 法

編 集 宗教法人 幸福の科学

発行所 幸福の科学出版株式会社
〒107-0052 東京都港区赤坂2丁目10番14号
TEL(03)5573-7700
http://www.irhpress.co.jp/

印刷・製本 株式会社 堀内印刷所

落丁・乱丁本はおとりかえいたします

ISBN978-4-86395-260-7 C0014

大川隆法総裁著作シリーズ

全世界で1000書以上発刊

大川隆法総裁は、その中心的思想となる「法シリーズ」をはじめ、古今東西の霊人の現代へのメッセージを伝える「公開霊言シリーズ」など、すべての人を幸福に導くために、数多くの著作を世に問い続けています。そのジャンルは人生論、スピリチュアル、教育、政治、経済、時事問題等さまざま。
「あなたの人生を変える1冊」が必ず見つかります。

法シリーズ

愛と悟り、文明の流転、そして未来史――現代の聖典「基本三法」

法体系
太陽の法
エル・カンターレへの道

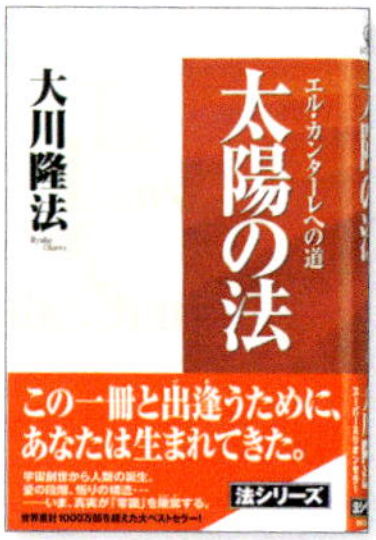

時間論
黄金の法
エル・カンターレの歴史観

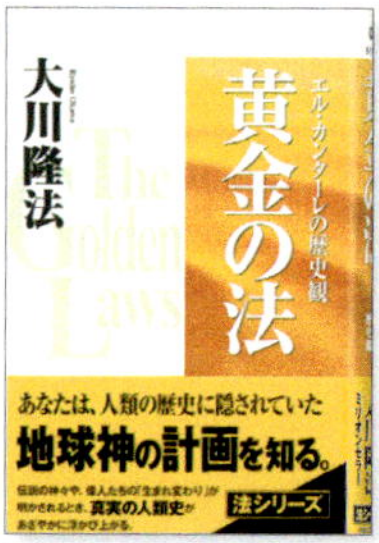

空間論
永遠の法
エル・カンターレの世界観

定価各2,100円

「法シリーズ」最新刊！

未来の法　新たなる地球世紀へ

一人ひとりのなかに宿る、人生を変え、国家を変え、世界を変える「無限の力」を目覚めさせる一書。法シリーズ第19作。
（2012年12月発刊予定）

定価 2,100円

定価 1,575 円 ★

日本を守る正論は、この一冊に示された。

国を守る宗教の力

この国に正論と正義を

竹島、尖閣問題。
消費税増税……。
3年前からの予言と警告は、
現実の危機へと変わった──。
国師・大川隆法が、
国家として
日本がなすべきことを訴える。

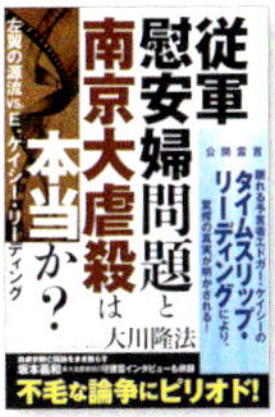

定価1,470円

定価1,470円 ★

定価1,470円 ★

定価1,470円 ★

定価1,470円

定価1,470円 ★

定価1,470円

定価1,470円

定価1,575円

定価1,470円

幸福の科学出版
公式ホームページ
irhpress.co.jp

※表示価格は定価(税込)です。
★は幸福実現党刊、
それ以外は幸福の科学出版刊。

大川隆法監修・巡錫説法シリーズ
巡錫の軌跡』
2000キロを越えて届けられた、
世界教師（ワールド・ティーチャー）の救世のメッセージ。

パール 巡錫の軌跡』
仏教発祥の地の人びとが、
「再誕の仏陀」として迎えた。

香港 巡錫の軌跡』
キリスト教大国フィリピンで
新たなる福音。

幸福の科学グループのご案内
About Happy Science Group

幸福の科学の信仰の対象は地球系霊団の最高大霊、主エル・カンターレ。世界約100カ国に信者を持ち、全人類救済という尊い使命のもと、信者は、「愛」と「悟り」と「ユートピア建設」に集約される教えの実践と伝道に励んでいます。

愛

幸福の科学の「愛」とは、与える愛です。これは、仏教の慈悲や布施の精神と同じことです。

悟り

自らが仏の子であることを知ることです。教学や精神統一で心を磨き、悩みを解く力を身につけます。

ユートピア建設

この世界に理想世界を建設することです。人間は地上を理想世界にする使命を持って生まれています。

宗教、教育、政治、出版などの活動を通じて、地球的ユートピアの実現を目指しています。

宗教活動

幸福の科学は全国・全世界に拠点があり、地域に根ざした活動を行っています。御法話拝聴会をはじめ、「経済繁栄祈願」「悪霊撃退祈願」「病気平癒祈願」などの祈願、人生相談も行っています。

2012 年 6 月のウガンダ巡錫の様子。

教育事業

幸福の科学が説く教育理念のもとに創られた中学・高等学校「幸福の科学学園」は、徳力と学力を兼ね備え、世界で活躍できるリーダーの輩出を目指しています。2013年には関西校が開校予定です。

那須本校での授業風景。

政治

大川隆法総裁の理念を実現するために、幸福実現党やHS政経塾の活動を通して、外交・経済・教育などの問題に提言を続けています。

幸福実現党のデモの様子。

社会活動＆海外支援

社会貢献活動の一環として、2003年から「自殺を減らそうキャンペーン」を展開するほか、発展途上国や被災地への支援などのチャリティー活動も継続的に行っています。

幸福の科学が支援する、ネパールのシュリ・マハラクシミ中学校の生徒たち。

「自殺を減らそうキャンペーン」の様子。

出版＆メディア事業

大川隆法総裁の著作出版を中心に、オピニオン誌や良書の発行、テレビ番組やラジオ番組の提供を行っています。同時に、数多くの映画も製作しており、2012年は2作品を公開しました。

2012 年全国で公開した映画「神秘の法」公開初日の様子（写真右）と、大川隆法総裁の著作（同左）。

入会のご案内

あなたも、幸福の科学に集い、ほんとうの幸福を見つけてみませんか?

入会

大川隆法総裁の教えを学ぼうとする方なら、どなたでも入会できます。入会された方には、『入会版「正心法語」』が授与されます。(入会の奉納は1,000円目安です)

ネットでも**入会**できます。
www.hs-group.org/net

三帰誓願

仏弟子としてさらに信仰を深めたい方は、仏・法・僧の三宝への帰依を誓う「三帰誓願式」を受けることができます。三帰誓願者には、『仏説・正心法語』『祈願文①』『祈願文②』『エル・カンターレへの祈り』が授与されます。

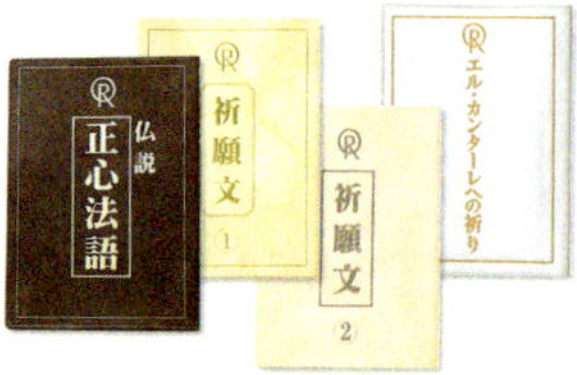

植福の会

植福は、ユートピア建設のために、自分の富を差し出す尊い布施の行為です。布施の機会として、毎月1口1,000円からお申込みいただける、「植福の会」がございます。

「植福の会」に参加された方のうちご希望の方には、幸福の科学の小冊子(毎月1回)をお送りいたします。詳しくは、下記の電話番号までお問い合わせください。

月刊「幸福の科学」

ザ・伝道

ヤング・ブッダ

ヘルメス・エンゼルズ

INFORMATION

幸福の科学サービスセンター
TEL. 03-5793-1727 (受付時間 火〜金:10〜20時/土・日:10〜18時)
宗教法人 幸福の科学 公式サイト **happy-science.jp**